들썩들썩 근질근질 읽으면 달리고 싶어지는

마라톤 2년차

다카기 나오코 글·그림

살림

마라톤 생활도 2년차에 돌입했습니다!

제자리에…

차려~ 출발~!!

6

차례

인물 소개

▶ **다카기 나오코**(작가)

마라톤을 1년이나 계속해도 체중의 변화가 전혀 없는…
낮잠을 좋아하는 일러스트레이터.

▷ **노리코 씨**

취미는 재봉과 과자 굽기♡인
차곡차곡 노력형.
러닝 스커트가 잘 어울리는 친구.

▶ **가토 씨**

좋아하는 음식은 카레, 닭튀김, 감자 샐러드.
정신 차리고 보면 뭔가 먹고 있는
수수께끼의 탱크톱 편집자.

▷ **우노 씨**

휴일에는 집에 없는 액티브한 여자.
평소엔 일도 척척 잘하는
가토 씨의 회사 선배.

▶ 긴 선생님

대학 시절 하코네 릴레이에서 대활약!
여기저기에서 부르는
카리스마 러닝 코치.

▶ 미노와 씨

1년차 때부터 신세를 지고 있는
믿을 만한 여행사 영업사원. 마라톤 경험도 있음.

▶ 팀 프라우

'미녀러너'라는 말이 딱 들어맞는다!
릴레이 대결&맥주 대결에 도전한
숙적 프라우 편집부.

▶ 아빠와 엄마

마라톤을 시작한 딸에게 감탄하심.
팬에게는 이미 익숙한, 미에에 사시는
작가의 마이 페이스 부모님.

기록보다 중요한 건
자기 페이스로 달리기

CHALLENGE 1

와—

와—

14

크림이라도 먹을까~

오오~ 여기가 스페인마을 이구나~.

꽃이 예쁘다~

찰칵 찰칵

진짜 좋은 게 대회 참가자는 전일과 당일 이틀간 스페인마을 입장료가 무료였어요.

기후
아이치
시가
미에
이세 만
나라
이 근처

드디어 대회 전날 현지에 도착....

아하하, 정말로 스페인에 온 것처럼 사진이 찍혔어요~.

그려?

자, 치즈!!

부모 자식 할 거 없이 신이 난 세 명...

♪살바도르 달리

에스파냐

와~ 퍼레이드도 스페인 스럽잖아!!

올레!!

와~

짝짝

때그락~

와~ 방 멋있다~

개중에 꽤 럭셔리한 호텔이었는데요. 대회 참가자 특혜로 조금 싸게 묵었습니다.

짜잔~

이번엔 부모님도 함께 왔으니 숙박은 살짝 힘을 줘서 스페인마을 안에 있는 호텔로 정했어요.

호텔 시마 스페인마을

파티 중에는 추첨 행사도 열렸는데요….

85번~~!! 85번~~!!

와~ 와기

미에 현의 특산품이나 숙박권 등을 추첨해서 선물함

저녁부터 참가자를 대상으로 한 웰컴 파티도 개최되어 축제 기분은 더더욱 상승했죠.

파라

둥둥둥둥

두둥

환영합니다~ 나부라 웰컴 파티 주자 여러분

쿵쿵쿵쿵

이세 새우국~!!

회덮밥, 꽁치회 등 미에의 미식이 가득

이 소라찜 맛있어~!!

근데 여기까진 다시 올 일이 없을 것 같아서…. 괜찮으시면 이거 쓰실래요?

저희들은 사이타마에서 왔는데 숙박권이 당첨됐거든요.

이거 사용기한이 짧아서요…

예에?! 시마 2인권 숙박권

네.

저~ 근처에 사세요?

…그리고 있는데…

이것으로~

우리 집은 뽑기 운이 없어.

아하하

셋이나 있는데 아~무것도 안 걸렸구나….

어… 어쩔 수 없죠잉.

아무것도 당첨되지 않은 우리 가족.

드르렁 쿨 쿨

코골이 시끄러워~

이렇게 바로 잠자리에….

호텔로 돌아온 후엔 스페인 요리를 저녁으로 먹고,

파에야~

앗싸~ 잘됐다~.

세상에는 좋은 사람도 있구나~.

기분 엄청 좋음

어부지리로 숙박권을 획득했습니다!!

그때 사이타마 그분 정말 감사했습니다~

16

이번엔 전반은 산, 후반은 바다라는 느낌의 코스였는데요….

하프 부문 주자는 스타트 지점으로~

그러는 저도 오랜만에 참가하는 하프 마라톤이라 두근 두근….

게다가 처음으로 혼자 출전…

5개월 만에 세 번째…

오르막 길이 계속되는 산길 코스에 돌입 했습니다.

2km

헉~

팅내요~

와

그 후로 마토야 만에 놓인 다리를 건너 잠시 달렸더니 …

준비… 땅!

와-

시마 로드파티

이렇게 11시에 하프 부문 일제히 스타트!!

1084

40703

어떻게든 해서 반환 지점을 통과하자 다음은 내리막 길에 돌입 했어요….

이쪽은 벌써 반환을 하고 돌아오는 주자

절경!!

5km

헉

헉

오르막길에 약한 저는 무척이나 일찍 엄청나게 고전하며,

으~

40703

시마 스페인마을!!

이틀간
입장료
무료♡

와~아

Admission
Ticket
2009. 4. 18

에스파냐~

Photo
Gallery

물맞이
즐구면~

아버지가
애용하시는
배낭

스페인 맥주를
마시면서
파에야를~

※다카기 집안치고는 상당히 적셔리한 저녁식사 장면

22

날씨가 지나치게 좋아서 더웠던 해변 코스

호텔 방에서 보이는 전망

일본 쿤북 응원단

오 || 둥둥

친절한 간판

絶景！！

도착한 후에 먹은 이세 우동

잘 먹겠습니다~!!

미에의 미식이 가득!!

↑ 호화스러운 이세 새우국♡

23

※호토: 납작한 밀가루 면에 다양한 채소와 미소를 넣어 끓여낸 음식으로 고슈의 명물요리다.

돌아올 때는 PASMO가 있으니까 괜찮겠지~.

철도·버스 승차 카드 ↓ PASMO

남은 돈을 긁어 모아 가보기로 했어요.

'홋타라카시 온천'에서 보는 경치가 최고야~.

그리고 또 한 군데 가보고 싶은 온천이 있어서,

노리코 씨 친구의 정보

이제 4,000엔쯤 남았나.

이 시점에서 남은 돈은…

돌아갈 때 택시 회사에 문의해볼 테니까 일단 온천에 들어가세요~.

태평한 접수 아저씨

입욕료 700엔

돌아갈 때도 역까지 택시를 타야 하기 때문에 카드가 되는 차를 부를 수 있는지 물어봤더니,

꺅~ 이제 진짜 2,000엔밖에 안 남았다~.

카드 사용이 안 됐음 ↓ 부웅~

그런데 생각보다 거리가 꽤 먼 탓에 택시비가 많이 들어 잔금이 불안해졌고…

홋타라카시 온천 저쪽 탕 이쪽 탕

입욕료를 지불하고 나니 몇 백 엔밖에 안 남은 두 사람은… 기분이 아슬아슬 했어요.

어머~ 후지 산 이다~

대단해~

꺄~

햇빛 가림용 갓

이렇게 되어 우린 일단 온천에 들어가기로 했지만…

근데 도쿄에 있는 가토 씨를 여기로 오라고 불러보면 어떨까….

오~!!

맛있는 말고기 육회를 발견했어요~ 지금이라도 올래요?

하 하 하…

우리는 러너니까 여차하면 뛰어서라도 갈 수 있겠지….

짐이 있긴 하지만…

산기슭 쪽에 역이 보이는데 그럭저럭 거리가 나올 것 같아….

까 하 하

5km가 넘을까?

솔직히 말해서 경치를 즐길 여유도 없었고…

※ 역 앞에 현금지급기 같은 것도 보이지 않았음

그~러면서 살짝 두근두근 했지만…

프로 일러스트레이터가 초상화를 그려드려요~

한 장 500엔

아니… 이럴 때야말로 다카기의 특기를 살려야지…

나도 피가 몰린 것 같아…

거봉의 언덕의 맛있는 거봉~

마라톤 프리미엄 상품~!!

즉석 판매

지금 참가상 거봉을 팔면 1,000엔 정도는 벌 수 있지 않겠어…?

살짝 머리에 피가 몰린 것 같아…

혹시 다시 한 번 출전할 기회가 있으면 다음에야말로 기록도 뒤풀이도 더 퍼펙트하게 해야지!!

얍~!

이런저런 일이 있긴 했지만, 한번 나간 적이 있는 대회에 다시 나가보는 것도 요령을 아니까 재밌구나~ 생각했죠.

휴유.

TAXI

카드 가능

부~웅

돌아올 때는 카드를 쓸 수 있는 택시가 와줘서 무사히 집에 올 수 있었습니다.

작년에 이어...
또 왔습니다!!

떠구... 떠구...

山梨市
やまなしし
春日居町　Yamanashishi　東山梨
Kasugaicho　Higashi-Yamanashi

짜~안

소중하기 짝이 없는...

巨峰引換券

전철 안에서 먹는
러너다운 간식♡

산을 바라보며
고~!!

Photo Gallery

속닥 속닥...

いちやまマート
4243
第25回山梨市巨峰の丘マラソン大会

4086
いちやまマート
4086
第25回山梨市巨峰の丘マラソン

FINISH

골~!!　와~

32

정말로
언덕의
보석!!

신발장

러닝화 비율이 높음!!

태글...

모두 대회장에서
걸어갈 수 있는
거리였음

호박이
들어간
흐토~

Menu du Jour

맛있는
쑥경단을
파는
에린지
(恵林寺)

완전 맛있었던,
잊히지 않는
말고기 육회 ♡

따~끈...

선물로도
좋아요!!

33

정말이지 건강한 것이다!!

그 안에서 마라톤 대회에 가는 나 자신은...

일요일 첫 전철에는 밤을 새며 놀고 나서 아침에 돌아가는 승객으로 가득했음.

털컹...

털컹...

물씬~

으아...

술 냄새...

다음엔 도쿄에서 새벽 첫 전철로 야마나시 시에 들어갔었어요...

그런~ 생각도 들었어요.

안녕~

도중에 → 노리코 씨 합류.

너무 큰 돈은 가져가지 말도록 하자.

일부러 출발 전에 현금을 빼낸 나...

쏙 쏙

거봉을 산다는 목적을 완전히 잊고,

거봉이 달린다 ♡

← 귀여운 대회 캐릭터

으... 과식했다....

정작 뛸 때는 배가 묵직 살짝 무거웠습니다.

그런데, 비교하면서 너무 많이 먹는 바람에...

포도밭이 있는 경사면의 각도나 높이에 따라 익는 정도가 다르다고 함.

생산자 판매

맛있어 ♡

그런네~

아까 가게보다 더 달아!!

시식

대회장에는 많은 생산농가가 거봉 판매를 하고 있었는데 먹으며 비교해봤더니 미묘하게 맛이 달랐어요.

42

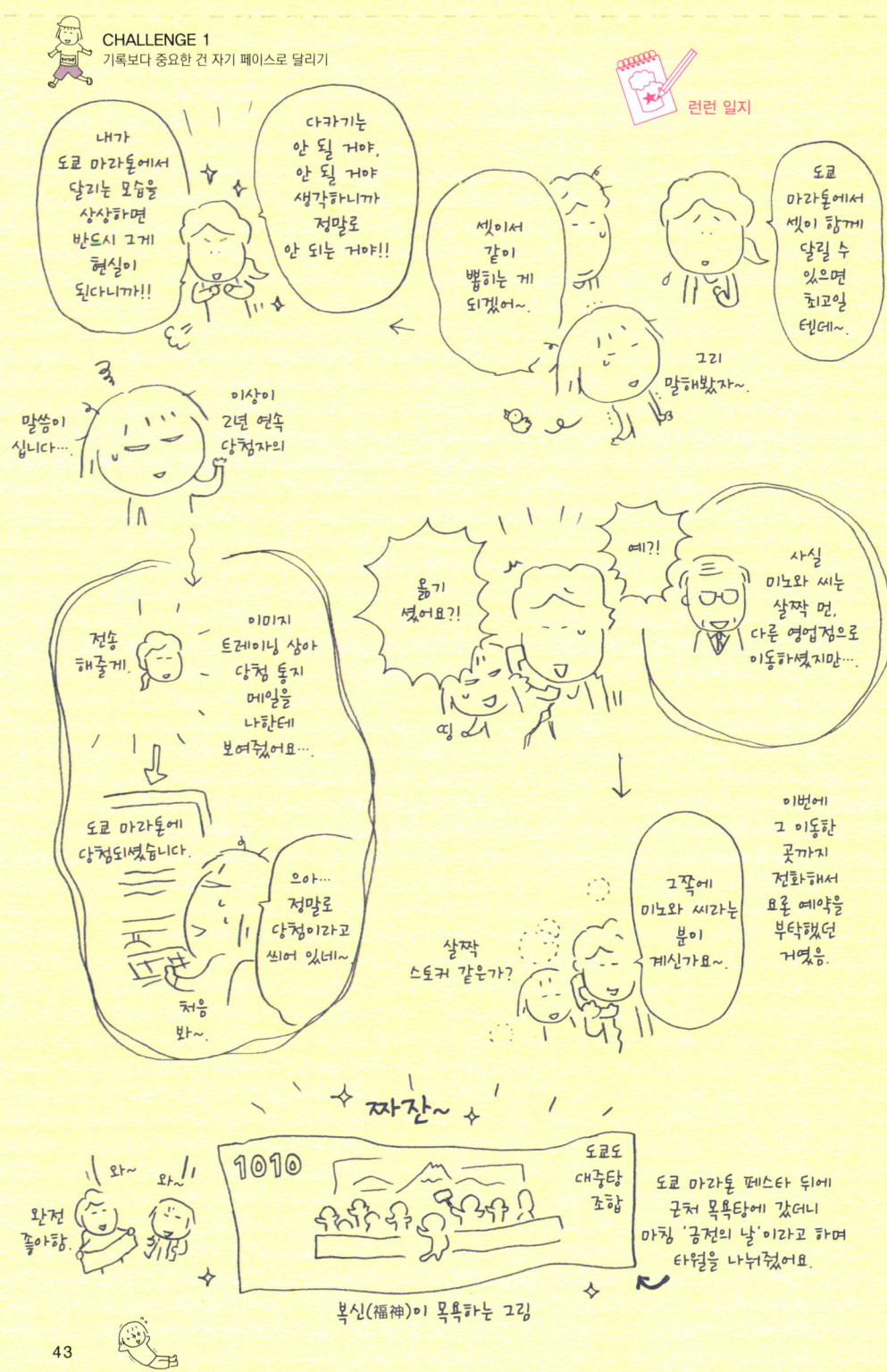

런런 일지

Q. 언덕길에서 달리면 허리가 아픕니다. 언덕길에서 허리가 안 아프게 달리는 방법이 있나요?

A. 허리가 아픈 건 아마 허리를 굽히고 달려서 그런 듯합니다. 언덕에서도 반듯하게 등을 펴고 착지하는 발에 제대로 중심을 실어주세요. 또 팔 흔들기를 크게 하면 추진력을 얻을 수 있으니 팔을 조금 내리고 뒤쪽으로 팔을 강하게 흔드세요.

Q. 기록을 단축하는 것이 마라톤을 계속하는 목표가 아니어도 되나요?

A. 물론입니다! 기록을 단축하는 것은 마라톤으로 얻는 기쁨 중 하나일 뿐, 유일한 목표는 아닙니다. 마라톤의 심오함에 열중하면서 인생을 풍요롭게 하는 것이 가장 큰 목표라고 생각합니다.

Q. 모처럼 추억에 남을 대회에 출전하는 만큼 달리면서도 흔들리지 않게 사진 찍는 요령을 알고 싶어요.

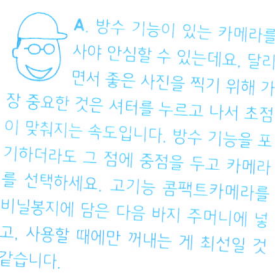

A. 방수 기능이 있는 카메라를 사야 안심할 수 있는데요, 달리면서 좋은 사진을 찍기 위해 가장 중요한 것은 셔터를 누르고 나서 초점이 맞춰지는 속도입니다. 방수 기능을 포기하더라도 그 점에 중점을 두고 카메라를 선택하세요. 고기능 콤팩트카메라를 비닐봉지에 담은 다음 바지 주머니에 넣고, 사용할 때에만 꺼내는 게 최선일 것 같습니다.

긴 선생님
가르쳐주세요!
Q&A

새로운 것에 도전해보자

이즈모 대사

이번이 산 지역 첫 원정이기도 해서 저와 노리코 씨 둘만 대회 이틀 전 현지에 먼저 들어갔습니다.

시마네 현 하면 역시 여기 이즈모 대사~!!

나카우미 마라톤 전국대회
2009년 11월 1일(일)
시마네 현 야스기 시
게스트
니시오카 스미코 씨

요론 마라톤을 준비하느라 허둥대는 와중에도 오랜만에 셋이서 하프 마라톤에 출전했어요.

어쨌든 진지하게 소원을 빈 다음,

중얼 중얼

구체적 구체적…

뭔가 좋은 일이 생기기를~ 같은 애매한 소원은 안 돼요.

최대한 구체적으로 소원을 빌면 좋대요~.

저도 출발 전에는 여러 사람에게 충고를 듣고,

생각이 안 나~

이상적인 미래의 그림을 이미지화하는 거야!!

구… 구체적 이라면….

여자들이 특히 좋아하는 애인이 생긴다는 부적 ♥

연분 기원

인연 성사

부적

인연이 맺어지는 곳으로 유명해서 참배객도 여자가 많은데…

식사 계절요리
야마이치
국밥 어묵 볼락 재첩 피조개

까~ 이 재첩국 건더기가 크고 진짜 맛있다~.

이런 재첩은 처음 먹어봐~

와~ 이게 모로코 새우래~.

밤엔 시마네 먹거리를 즐길 수 있는 술집에서 입맛을 다셨죠.

재첩 어업으로 유명한 신지호를 바라보며 마쓰에로 이동해서…

덜컹 덜컹…

이치바타 전철

그리고 다음 날 아침…

띠리리…

마라톤 원정답게 아침 일찍 달리기로 했어요.

달리다 보면 더워지니까 반팔을 입어도 되겠지!!

성실한 노리코 씨 덕분에 어떻게 일어나기는 했음

하나 둘

하나 둘

하지만 바깥에 나와 보고는 깜짝!!

!!

앗, 노리코 씨 기다려~.

멀어지면 안 보인다고~.

탁

탁

어쩜 길거리가 온통 안개 세상이던지….

뭉

게

이… 이게 뭐니…?

무슨 외국 거리 같아….

아뇨, 별로 안 그런데요!!

딱 자름

그렇다고 하네요

하고 물어 봤더니…

역시 이 근처는 호수가 가까워서 이런 안개가 자주 끼는 건가요?

땅인지 안개인지 푹 젖음…

프런트

호텔에 돌아와,

마쓰에 성 →

전혀 안 보이네 ….

마쓰에 성….

이렇게 짙은 안개 속에서 10km 정도 달리고,

47

일 때문에 현지에 들어온 가토 씨와 여기에서 만났어요.

사카이미나토 역

여기서 만나니까 느낌이 이상해~

그리고 이날은 돗토리 현 사카이 미나토 시로 이동하여,

동해

사카이 미나토

이즈모까지

마쓰에

요나고 공항

나카우미

마라톤 대회장

시마네 현

JR산인본선

야스기

돗토리 현

JR사카이선

요나고

캐릭터 스탬프 전부 모아야지…

미즈키 시게루 로드

화장실/TOILET

요괴신사

요괴 스탬프 랠리

아카나메

으헤헤…

까~ 누리카베 무릎담요다~!!

귀여워

미즈키 시게루 로드에 캐릭터가 엄청 많아서 완전 들떴어요.

미즈키 시게루 로드

BIB

이곳 사카이 미나토는 만화가 미즈키 시게루* 선생님이 태어나신 고향으로…

와하하, 내일은 잘합시다~!!

건배

HOTEL

결국 과자를 사와서 파티를 하는 정도로 사용하고 이날은 끝….

이런 넓은 곳에서 다시 묵을 일이 없을지도 몰라~.

으~음….

어… 어쩌지? 이 좋은 방에서 자기만 하면 아깝지 않을까요…?

뭔가 회의라도 할까요?

가난한 사람들…

숙박은 요나고 역 앞 호텔로 정했는데요. 만실인 덕분에 어찌하다 보니 객실이 완전 업그레이드 됐어요!!

바 카운터 포함

넓다!!

※미즈키 시게루: 일본의 원로 만화가이자 대표적인 요괴 연구가. 「대표작으로는 『게게게의 기타로』가 있다.

48

하지만 이 대회가 두 사람에게 무척 가혹한 레이스가 될 것임을 이때는 아직 몰랐습니다….

덜컹…

너무 아프면 도중에 기권하는 게….

무릎이 끝까지 버텨주면 좋겠는데요.

사실 조금 전부터 무릎이 아팠던 가토 씨는 살짝 불안한 모양이었어요….

대회 당일 맞이한 하늘은 어두침침하게 흐려서,

무리하지 마세요.

덜컹…

덜컹…

괜찮으세요~?

어둑~

HOTEL

지역 방송국

실례합니다~ 잠깐 인터뷰해도 될까요?

그런데 그때

나카우미 마라톤

시끌 시끌

바비큐

노점 숫자도 지금까지 중에서 가장 많지 않아요?

대단해!! 축제처럼 법석인데!!

아, 네.

가족 부문도 있으니까 가족끼리 온 일행이 많은 것 같아~

카레

통돔국수

도시락

공장

우와~

사람 많다!!

아뇨, 그냥 러너입니다.

예?! 미녀러…

세 분은 소위 말하는 미녀러너 시군요?

도쿄에서요.

어디서 오셨나요?

…

딱자름!!

우와~ 도쿄!!

너무나 어이없는 광경에 어쩐지 웃음이 나왔어요.

쏴아~

아하하, 이렇게 비가 쏟아지는데 뭐하는 짓이지~.

쏴아~

첨벙

쏴아

8km

첨벙

헉~

이미 눈을 뜰 수가 없음.

비 때문에 마라톤 코스가 강이 됐는데도 주자들은 멈추지 않고 달렸어요….

이렇게 걱정을 하면서 가토 씨를 제쳤어요.

쏴아

쏴아

너무 무리하지 마세요.

비가 엄청 나네요.

아… 네, 아직 그럭저럭….

가토 씨 무릎 괜찮아요?

그때 앞쪽에서 무릎을 신경 쓰면서 달리는 가토 씨를 발견했어요.

쏴아

쏴아

팡 팡

엇, 저건.

그럼에도 기억나는 것은 이런 빗속에서도 응원해주는 사람이 있었던 것….

쏴

파이팅~

비에 지지 마요~

힘내요~

이쯤 되니, 이미 코스의 풍경도 전혀 기억나지 않지만…

쏴

12km

31705

쏴

헉~

비는 후반에 들어서도 전혀 약해지지 않았고…

52

앗, 잠깐만, 다카기짱!!

응…

만약을 위해 응급 구호소를 보고 올까…?

도중에 기권한 건가…?

아직 모습이 안 보이네….

도착하고 나니 걱정되는 것은 가토 씨였습니다….

완전 감동의 도가니!!

휴우~ 힘들어….

우왕~ 다행이다~ 가토 씨!!

이렇게 세 사람이 무사히 골에서 만났을 때는…

애썼어요~!!

가토 씨 2:19:22

가토 씨가 들어왔어!!

우와~!!

완전히 속세로 돌아왔습니다.

그 후엔 회전초밥 집에서 수고했어 맥주를 먹고…

뭔가 맑아진 기분이야….

아아… 어쩐지 상쾌해….

그리고 폭포수 같은 비를 맞았더니 뭔가 마음과 몸이 정화된 것 같은 기분이 들었지만,

돼지고깃국 서비스

덜컹...

덜컹...

귀여운
이치바타 전철

잊지 않고
부적도
샀어요!!

오옷~

열심히
할
거야~

뭉～게...

짙은 안개 속
이른 아침 러닝 10km

Photo Gallery

명물

작가가
마쓰에 시 출신

개틀즈
청동상

마쓰에 역
근처에 있던

이즈모 메밀국수

54

종점 사카이미나토~

마쓴에
나이트에
먹은
따뜻한
어묵탕

방엔 살짝
무서울지도?

게게게
화장실 마크

번득

요나고의
회전초밥 ♡

게게게 빵집

생선이 맛있는 도시가… 좋아

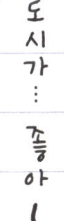

제가 좋아하는 캐릭터는
누리카베예요 ♡

본인에게 선물한
게게게 기념품

!!

사카이미나토에서 먹은
해산물 덮밥과 게 ♡

안에 넣는다

이번엔 새로운 운동화와 함께 제 발에 맞춘 밑창도 구입했습니다!!

superfeet

4,500엔 정도

SUPER feet

SUPER feet

살짝 안쪽으로 기울어져 있네요.

약간 안짱다리라고 해야 하나…

전에도 들었음

두 분 다 발꿈치 폭이 살짝 좁고…

다시 발 계측을 하고 전과 거의 비슷한 소리를 들었는데…

그리고 우리 둘은 '트레일 러닝'에도 살짝 흥미가 있었거든요.

트레일 러닝이란?

들이나 산에서 달리는 것!!

뒤꿈치의 지방을 정 가운데에 몰아주는 구조로 되어 있어서 쿠션성을 높이는 효과도 있어요.

보통 때의 내 다리

살짝 안쪽으로 몰림

살짝 바깥쪽으로 향하는 밑창을 넣어주면…

똑바로 됨!!

이건 살짝 바깥쪽으로 향하는 밑창이라 안짱다리를 교정해줘서 부상을 방지하는 효과가 있대요.

다카오 산 599m

예이!! 트레일 러닝 데뷔!!

그리고 쓸 때 어떤 느낌인지 시험해보고자 재빨리 다카오 산에!!

배낭 8,000엔 정도

GREGORY

맘먹고 트레일 러닝용 배낭과 신발도 구입해 봤어요.

신발 10,000엔 정도

라고 생각했는데 산길을 달리는 것은 역시 어려웠는데요.

으아!

으쌰 으쌰.

아이고…

펭귄처럼 움직이고 있는 두 사람…

경사가 완만한 길이 나왔을 때 맘먹고 트레일 러닝 스타트!!

이라고 해봐야 일단은 평범한 등산이었습니다….

영차

영차

트레일 러닝의 길은 아직 험난하다고 통감했습니다.

하아~

지쳤어

하지만 주변엔 산길이라는 생각이 안 들 정도로 휙휙 달리는 사람도 있었어요….

탓

탓

탓

군육이 다름

무슨 덴구*야?!

대단해~.

예를 들면 이런 때…

살짝 멀기도 하고 전철로 가기 힘든 곳에 있네….

음~ 구청까지 인감증명을 받으러 가야 하는데…

트레일 러닝용 배낭도 심부름 달리기를 할 때 무척 편리해요.

거리는 2km 정도?

MAP

야호~

하지만 트레일 러닝화는 가벼운 하이킹에 딱 좋기도 하고…

등산화보다 가볍고 편하당 ♥

※덴구: 일본 전설에 등장하는 요괴로 깊은 신에 살며 신통력이 있다고 전해진다.

60

다시 한 번 집까지 서류를 가지러 런린~!!

조금 부족한 서류가….

그리고 이런 일이 있어도…

왕복으로 약 4km 달리기네~.

배낭을 메고 심부름 런♡

돌아오는 길에 사고 싶은 게 있으면 또 배낭에 넣는 거죠.

BOOK

맞다, 사고 싶은 책이 있었지.

이렇게 해서 받은 증명서를 배낭에 넣고…

네~.

네, 여기 증명서 입니다.

수고 많으셨어요~

혁~

혁~

새로운 용품이 늘어나는 것을 즐기고 있습니다.

요샌 이런 배낭을 이용한 심부름 달리기를 개발해 가면서…

전철비도 아끼고 건강에 좋아~♡

후후후… 두 번 왕복해서 약 8km 달리기~.

혁…

혁…

다녀왔습니다

BOOK
증명서

61

새로 산 물건이
속속~♡

10,000엔

10,000엔

트레일
러닝 배낭

짜잔

얍~!!

트레일
러닝
흉내~!!

Photo
Gallery

하산 후의
포상맥주와 마국수 ♡

따끈!!

버섯국을 먹으며
휴식

낙엽이
폭신폭신~ ♡

런런 일지

63

이 중에서 찾을 수 있을까요~?

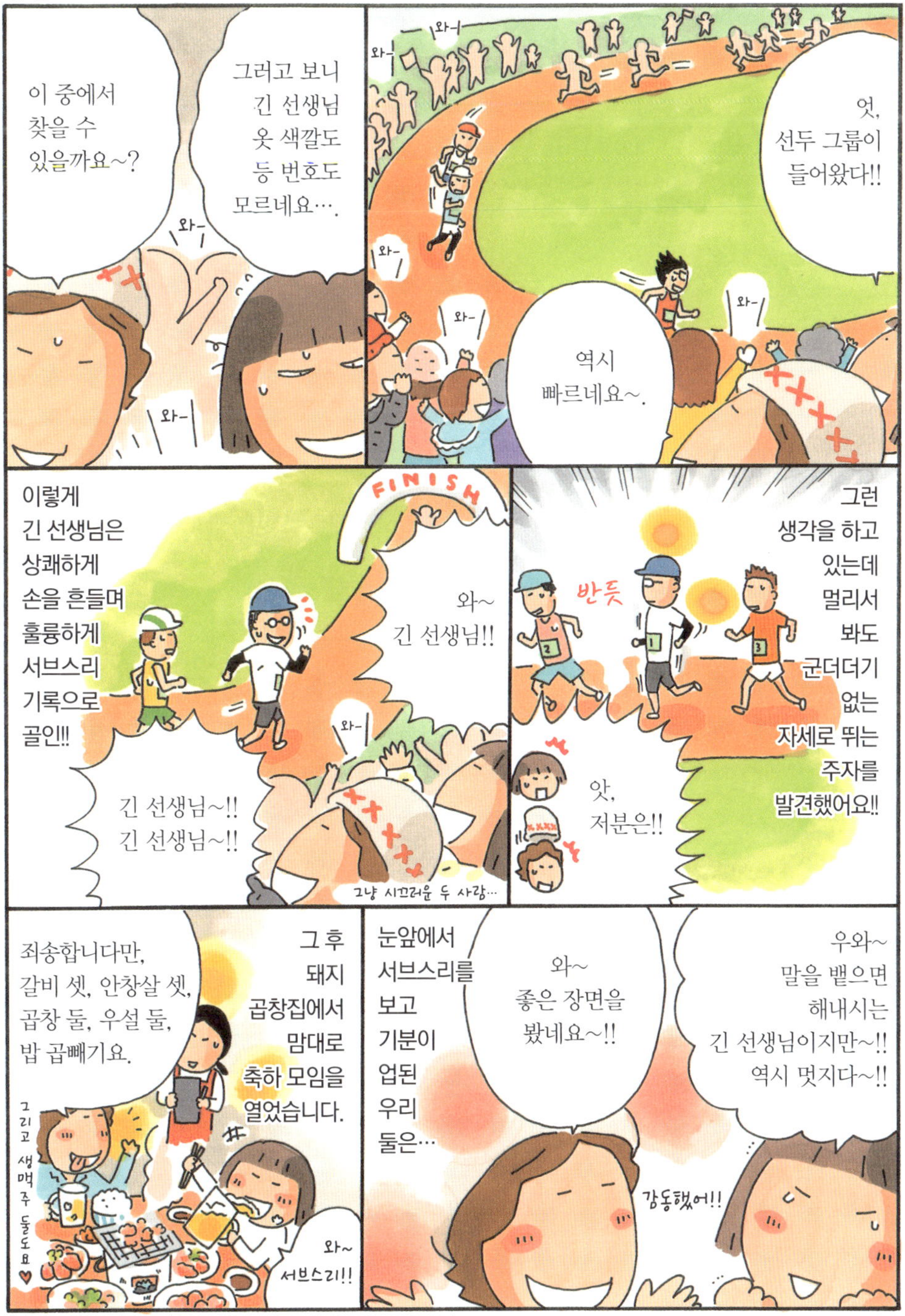

그러고 보니 긴 선생님 옷 색깔도 등 번호도 모르네요….

와—
와—
와—
와—

엇, 선두 그룹이 들어왔다!!

역시 빠르네요~.

이렇게 긴 선생님은 상쾌하게 손을 흔들며 훌륭하게 서브스리 기록으로 골인!!

FINISH

와~ 긴 선생님!!

와~ 긴 선생님~!! 긴 선생님~!!

그냥 시끄러운 두 사람…

그런 생각을 하고 있는데 멀리서 봐도 군더더기 없는 자세로 뛰는 주자를 발견했어요!!

반듯

앗, 저분은!!

그 후 돼지 곱창집에서 맘대로 축하 모임을 열었습니다.

죄송합니다만, 갈비 셋, 안창살 셋, 곱창 둘, 우설 둘, 밥 곱빼기요.

그리고 생맥주 둘도요.

와~ 서브스리!!

눈앞에서 서브스리를 보고 기분이 업된 우리 둘은…

와~ 좋은 장면을 봤네요~!!

우와~ 말을 뱉으면 해내시는 긴 선생님이지만~!! 역시 멋지다~!!

감동했어!!

역시 제1구간과 제4구간은 저와 다카기 씨가 담당을 해야겠죠….

다음 주에 도쿄 마라톤을 준비하는 노리코 씨와 뉴페이스 우노 씨에게 너무 부담을 줄 수는 없고….

이번 대회의 거리

제1구간 … 8.2km
제2구간 … 4.7km
제3구간 … 4.7km
제4구간 … 4.6km

한 구간만 살짝 거리가 길다

그리고 달리는 순서를 정해야 했는데…

으아… 책임이 중대한 마지막 주자라니….

부들
부들

이거나 저거나 ….

으아~ 거리가 긴 제1구간이 되고 말았어~!!

그 결과는…

띠잉!

이런 거 흑

쏠쏠한 두 명짜리 사다리…

사다리 타기~

사다리 타기~

이렇게 되어 둘이서 제1구간과 제4구간을 걸고 사다리 타기를…

자아, 어떻게 될까요? 첫 릴레이 대회에 참가신청을 완료했습니다.

무… 뭐 어때요!! 뭐!!

뭐야, 왜 자기만 여자 같은 가피를 붙여요!!

시끌
아하하
시끌

제2구간
안정적인 노리코!!

제1구간
철의 위장 가토!!

제4구간
섹시한 나오코!!

제3구간
기대주 뉴페이스 우노 씨!!

이렇게 순서도 무사히 결정됐습니다!!

68

하지만 구경하는 분들이 따뜻하게 말을 건네줘서 힘도 나고,

어머, 색이 알록달록하니까 좋네~!!

메리 크리스마스~!!

고… 고맙습니다.

달리면서 생각한 것은 역시 러닝용이 아닌 옷을 입고 뛰면 덥다….

으아… 땀이 안에 모이고 있어….

혁…

쩌죽겠다….

셋 다 15km를 완주했습니다.

나… 난 이제 다신 분장하고 안 뛸 거야….

휴~ 지쳤다~ 더웠어~.

머리가 가려워요.

긁적 긁적

그런 생각을 하면서…

여러 대회에서 보임

생각해보니 인형 탈을 쓰고 달리는 사람은 대단한 거로구나~.

얼마나 덥겠어…

혁… 혁…

근하신년

새로운 해가 찾아왔습니다!!

해가 저물고 난 뒤…

이렇게 해서 송년회를 겸해 포상맥주를 즐기고…

내년에도 열심히 해요~

올해도 수고 많았어~

건배~

포상 우동 ♡

추웠던

쓰쿠바
마라톤

포상
불고기
♡

··· 부들
부들

고향 미에에서
느긋하게 새해 첫 달리기

워킹하는 아빠 →   동생도 같이 →

운동화도
살짝
크리스마스
분위기?

태극권
도복

Photo
Gallery

크리스마스
자선 마라톤

in 일왕궁

71

 런런 일지

역은 어느 쪽일까요~?

하지만 덕분에 둘 다 교내에서 조난당했습니다....

연구동 등... 기숙사나 강의동이나

역시 쏘쿠바 대학이네요.

대회장이기도 했던 쏘쿠바 대학은 무척이나 넓었어요.

두리번 두리번

휘잉

뺑뺑

여기가 어디죠~?

구내에 버스 정류장이 몇 개씩 있었음.

결국 택시를 불러서 역까지 타고 갔어요….

어엇?!

맥주하고 밥 곱빼기에 초코파르페요.

깜놀한 나오코

보통 때엔 단 음식에 그다지 흥미가 없는 가토 씨가 쏘쿠바 마라톤 후 음식점에서 파르페를 주문했습니다!!

저도 1년에 세 번쯤은 단 걸 먹고 싶은 날이 있어요.

그 귀중한 한 번을 목격한 거네요….

과자점 환영

뭐 좀 사갈까~♪

신년 달리기 도중에…

만주도 사 먹음 ♡

달렸으면 마신다! 굼수는 맥주!!

오늘 12시 오픈

달린 후에는 주점 ○○으로!

쏘쿠바 역에서 나눠주는 술집 전단지의 카피가…

하 하 하.

도쿄 마라톤 응원 현수막에 써먹었어요….

덧붙이자면 이때 이 카피를

Q. 큰비가 내리는 대회에선 우비를 입고 달리는 게 나을까요?

A. 우비도 좋지만 원단이 빳빳하다면 부스럭거려서 달릴 때 힘들 거예요. 또 날씨는 변하기 쉬운 것이어서 도중에 버려도 괜찮은 살짝 큰 비닐을 준비해 목과 양팔 부분을 잘라내 '쓰고 버리기 쉬운 우비' 같은 것을 직접 만듭니다. 비가 내릴 때엔 이런 수제 우비가 편리합니다.

Q. 무릎에 통증이 느껴지면 달리지 않는 편이 나은가요?

A. 통증의 종류와 정도에 따라서 다르기도 하지만, 방해가 될 정도의 통증이라면 달리지 않는 편이 나을 것 같습니다. 예리한 통증이 있을 때는 쉬고 나면 나을 때가 많지만, 둔한 통증의 경우엔 오래 지속될 수도 있습니다. 그때는 굳어진 허벅지 등을 신경 써서 마사지해야 합니다.

Q. 장거리를 달리면 발톱이 자주 아프고 출혈이 있을 때가 있습니다. 뭔가 대책이 있을까요?

A. 먼저 달리기 전에 반드시 발톱을 잘라두세요. 이것은 주자의 철칙입니다. 그래도 아플 경우엔 운동화의 사이즈를 살짝 크게 신으세요. 그런데도 아프다면 달릴 때만 테이핑테이프로 아픈 발톱 주변을 고정시키고 달리세요.

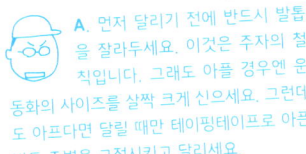

긴 선생님
가르쳐주세요!
Q&A

Q. 트레일 러닝은 마라톤 연습으로도 효과적인가요? 초심자를 위한 어드바이스 좀 부탁해요!

A. 트레일 러닝은 고르지 못한 땅에서 달리는 것으로 체간(體幹)을 잘 사용할 수 있게 되고 러닝 테크닉을 향상시키는 데 도움이 됩니다. 또 언덕길도 많아서 심폐 기능이나 근력 향상도 기대할 수 있습니다. 게다가 자연 속에서 달리는 것이니 삼림욕 효과도 있습니다. 초심자는 반드시 트레일 전용화를 준비하고 미끄러지기 쉬운 길에선 각별히 조심해야 합니다. 또 너무 경사가 급한 길에서는 달리지 말고 걷는 정도로 편하게 즐겨주세요.

Q. 추천하실 만한 최신 러닝 용품이 있나요?

A. 가민(Garmin)의 GPS 손목시계를 추천합니다. 예전 것은 너무 커서 멋있지가 않았는데 콤팩트하고 스타일리시해졌습니다. 1km마다 자동 랩 기능을 설정하면 어떤 곳에서 달려도 페이스 관리하기가 좋습니다.

Q. 대회 전에 반드시 드시는 것이 있으세요? 대회 끝나고 포상으로 드시는 것도 가르쳐주세요!

A. 레이스 직전에 먹는 것으로 칼륨이 많이 함유된 바나나를 추천합니다. 소화도 잘되고, 출발 15분 전쯤에 먹어도 문제없습니다. 그리고 영양제로 포도당 정제를 자주 먹습니다. 대회가 끝난 뒤 포상으로는 역시 맛있는 맥주죠. 물론 매일 마시긴 하지만요 (웃음). 풀 마라톤을 완주한 후에 먹는 맥주는 브랜드와 상관없이 어떤 것이든 최고의 상품입니다.

긴 선생님
가르쳐주세요!
Q&A

마라톤 동료가
늘었어요♪

잘 부탁
합니다~!!

으아…
지금부터
연습인데
벌써
두 바퀴…

약 →
10km

그냥 딱…
보기에도
빠르다….

말도
안 돼…

일로
아는
사이

오랜만~

말도
안 되는
대사와
함께
S 씨가
등장했
습니다!!

좀 일찍 와서
먼저 두 바퀴
뛰다가
늦었어요~!!

그럼 먼저
평상시처럼
느린 페이스로
뛸게요.

이번 릴레이는
5~8km 정도의
거리이기 때문에
빨리 달리는
연습이 필요
합니다.

음~
지금까지는
마라톤 훈련으로
천천히 오래
달리는 연습을
했는데요….

그리고
준비
체조를
한 후
트레이닝을
시작했어요!!

자, 그림
속도를
올려봅시다.

따라올 수
있는 분은
따라오세요.

4km 정도
달리고
1km가 남은
시점부터
속도를
올릴
테니까요….

처음 1km는
4분 30초 안에
들어올 수 있을 정도의
페이스로 달립시다~

쌔~앵

회사 사람 몇 명이 응원하러 간대요.

게다가 대회 날에는 응원단도 오게 되어…

예~?!

자리가 자리니 만큼 팀 티셔츠도 만들어 봤습니다.

일러스트 로고도 넣었음

그리고 보니 우리 팀은 이름을 '팀 포상 맥주♪'라고 정했는데요….

포상맥주란…
달린 다음에 마시는

꿀꺽

꿀꺽

맛있는 맥주를 말함

응원단 포함 〈24시간 TV〉* 처럼 노란 티셔츠를 입은 일당이 대회장에 집결했습니다.

드디어 대회 당일…

시끌

시끌

닛산 스탠딩 릴레이 대회

응원하러 많이 와주심… ♥

남은 1km
빌드업!!

얍~~!!

쌔 앵

더더욱 초조해져서 연습에 매진했어요….

뭔가 여자다움의 승부에서는 이미 살짝 진 상태였지만…

여… 역시 여성지 편집부….

여러분은 컬러풀한 반바지를 입어서 그… 그런지 상큼하네요.

안녕하세요.

예쁘다~ ♥

미녀 러너 다뭐!!

…그리고 그곳에 프라우 팀도 등장!!

짜 잔

※24시간 TV: 1978년부터 매년 생방송되고 있는 일본의 자선 프로그램. 인기 배우·가수·개그맨과 일반인들도 출연하며 상징적인 노란 티셔츠를 입고 방송을 한다.

와~
힘내.

나…
나는 이제
슬슬 중계점
쪽으로 갈게~.

다음
주자는
항상
긴장
상태
였어
요….

제3

제4

건투를
빌어~

두근

2303

제2주자

두근

두근

노란
티셔츠
응원난도
경기장
스탠드와
길가에서
성원을
보내
주었지만,

힘내
라~

가토
씨~

와~

2301

55

하지만
그 바로
뒤에
가토 씨의
모습도
보였어요!!

와ー

와~
가토 씨도
왔다~!!

와ー

2301

그런
와중에
먼저
돌아온
프라우
팀!!

와ー

앗,
프라우 팀
왔다!!

와ー

29

스타디움으로
선두 팀이
차례차례
돌아
왔지만…

와

역시
남자 선두
팀은
빠르네~.

아직
30분도
안 됐는데…

두
근

두
근

달려라~!!

와~
노리코 씨~

노리코
씨,
힘내
요~!!

마라톤과는
또 다른
감동이
보는
쪽에도
어깨띠가
전해져
넘어
왔습니다.
갔어!!

자!

수고
했어요!!

이렇게
해서
제2주자
노리코
씨에게
어깨띠가
주어졌고…

탁

104번 주자 어디 있어요~기

두리번 두리번

멍~

몰고 있음

다음 주자

104

주자가 들어 왔는데도 다음 주자를 못 찾는 팀이 꽤 있었어요.

잘 안 보여

융성

8451

융성

594

중계점은 500팀가량이 이깨띠를 건네는 바람에 완전히 붐벼서…

두근

두근 2304

자아, 그리고 저도 드디어 중계점에 스탠바이를 했고…

와—

엇

수고 했어!!

1404

그리고 프라우 팀 중에서도 가장 강자인 S 씨가 마지막 주자로 스타트!!

오옷, 저 사람 은!!

1405

프라우 팀의 선수가 들어오는 것을 먼저 발견 했어요!!

와— 와— 왔다!

헉~.

두근 두근

어깨끈을 놓치지 않도록 스타디움 입구를 비춰주는 대형 화면을 응시하면서 기다리고 있자니…

세 사람 몫의 중압감을 묵직하게 느꼈습니다.

힘내요!!

턱

네엡!!

이렇게 해서 어깨띠를 받아 들었을 때…

여기요, 여기~!!

와~ 우노 씨~.

그 후 저도 곧 스타디움에 들어온 우노 씨를 무사히 발견했고,

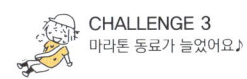
22. 2km의 거리를 넷이서 이어 달린 기록은 1시간 50분 7초로, 여자부 29팀 중 9위라는 성적을 기록했습니다.

애썼어~

모두 수고했어요~

와~

짝

짝

그렇게 첫 릴레이도 무사히 골인 했어요.

마지막 힘을 쥐어짜내 라스트 스퍼트를 올렸 습니다!!

와~

헤…

헤…

와~

으엇~!!

부상으로 쌀을 준대요.

아아… 우리도 순위 하나만 높았으면 입상인데….

살짝 억울해…

큭~ 쌀!!

아 깝~

1 2 3 4 5 6 7 8

짝

와 짝

와 짝

짝

각 부문 8위까지 포창을 받았음

한편 프라우 팀은 1시간 47분 16초 기록으로 훌륭하게 7위 입상!!

이렇게 즐거운 추억이 또 하나 늘어났습니다.

사람 수가 많아서 뒤풀이는 무척 시끌벅적했고 맥주도 훨씬 더 맛있었 어요….

프라우 팀, 응원단 여러분도 함께 요코하마 중화가에서 포상먹주♥

건배~!!

하지만 생각보다 더 순위가 높아서 자신도 생겼고요….

기념해야 할 첫 릴레이 대회!!

스타트!!

어깨띠로
꿈을 이어라!!

Photo Gallery

응원
깃발도
만들었음!!

짜안!!

맥주!!

맥주!!

꺅~   와-   가라~

여기
여기~

힘내라~   와-

86

준비체조는 확실히!!

하나둘~

조금만 더
빨랐으면
입상인데~~

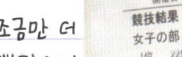

競技結果 12:00
女子の部
1位 225 向上高校A   1:36:53
2位 222 愛酒倶楽部女子   1:38:57
3位 204 vivid27   1:42:05
4位 203 QPRC-LA   1:43:11
5位 226 向上高校B   1:45:04
6位 210 チームささくれ   1:45:53
7位 227 フラウ編集部   1:47:16
8位 212 チームニャンコ   1:49:32
9位 207 ごほうビール♪   1:50:07
10位 213 はすのみ八景女   1:53:16
11位 507 ブランタンA   1:56:19
12位 205 エリウーマン   1:56:42

자랑스러운 프라우 팀

9위

ㅇㅇㅇㅇ

포상맥주
in 요코하마
중화가

두   둥

어쨌든 이것저것 다 맛있었어요♡

 런런 일지

5~8km 정도 거리가 되면 역시 젊고 파워가 있는 사람이 강하구나~ 하는 느낌이 들어요.

반짝 와- 와- 반짝

거짓말.

))젊음이

눈부시다!!

이번 대회의 우승 팀도 고등학생 팀이었어요....

젊음의 파워

헉 헉

기세 좋음.

영차 영차

↑ 빨리 못 달림.

아뇨~ 제가 빨리 뛰었어야~

내가 조금 더 빨랐더라면~

30초라니 억울하네요~

사실 8위 팀과는 30초 차이밖에 나지 않았던 팀 포상맥주♪였습니다.

콩쾅 콩쾅 콩쾅

여기에 상당한 체력을 소모 했어요....

↑ 심장 소리

어깨띠 받을 때까지 완전 긴장함.

팀이라는 건 왠지 좋은 거네요.

미안해~ 우우~

다음에야말로 입상할 수 있어요!!

조금 더 연습해서 다들 10초씩 빨리 달리게 되면,

와 ✦ 잘했어~ 짝 짝

프라우 팀은 제3구간 구간상도 획득했어요!!

코~ 좋은 건 다 가졌어~

꿀레몬이나 간식 같은 것도 주고~ ♡

그리고 팀에 귀여운 여자 매니저가 있으면 좋겠어♡

건방진 나

88

노란 티셔츠는
드라이메쉬 소재로
'제대로' 만들었어요.

← 디자이너분이
디자인해주셨음.

그런
축제 대회도
재미있을
것 같아요.

동물원을
달리는
주(ZOO)
릴레이
라든지.

할로윈
릴레이…

분장하고
달리는
릴레이나…

릴레이
대회를
찾을 때,
이런 대회
말고도
여러 종류의
대회를
발견했음.

완주증
포상맥주

완주증
포상맥주

완주증
포상맥주

완주증
포상맥주

이번
완주증은
이런
식으로
되어
있어서…

와~

잘라서
한 사람 앞에
한 장씩
받았음.

와~

잘라내니
완주증이
되네 ♡

217.9km 거리를
10구간으로 나누어서…
이틀에 걸쳐
달리는 거잖아요~

하코네
릴레이는
엄청나구나~
새삼
깨달았습니다.

실감…

그러니 당연히
영화가 탄생할 만하죠.

네~.

죄송한데
고기찜하고
부추만두요.

맥주
더 드실
분~.

요코하마
중화가에서는
모두 마구
먹고 마셔서
점원들이
살짝
힘들어
보였고,

거요~

시끌

시끌

거요~

15명 정도 있었던 듯….

손님, 사실 이 상품은 스커트처럼 보이는 바지예요.

네?!

러닝 스커트나 러닝 드레스도 귀여운데 좀처럼 입을 용기가 안 나요~.

일단 짧잖아요~

이렇게 추천 상품을 여러 가지 알려줘서…

이건 엄청나게 인기가 많아요~

오오~

요즘엔 드레스 타입도 디자인이 다양하게 나와서 예뻐요.

보기에는 스커트라 안심이죠. 예쁘고요~

큐티 하니 같다~♥

바지 타입이면 그럴 걱정이 없어서 스커트라 안심이죠.

스커트는 달릴 때 빙빙 돌아가는 일도 있지만,

옆이 앞으로 옴…

아~ 그렇구나~.

먼저 첫 번째

스커트 처럼 보이 지만 사실은 바지

짜잔~

이쪽으로 오세요~

어… 엄청나게 안 어울려도 웃지 마세요.

왜 웃어요.

일단 몇 가지를 입어 보기로 했습니다.

슬금

슬금

92

그쪽도 인기 많은 상품이에요~.

오오~

번쩍

번쩍

왠지 엄청 빠른 사람처럼 보여요.

엄청나다… 남색은 보통 땐 입지 않는 색이지….

점점 뻔뻔 해짐

그리고 네 번째

골드 투피스

짜~잔

가토 씨도 새 러닝 웨어 구입♬

결국은 가장 처음에 입었던 이 러닝 웨어로 결정했습니다.

조금 모험도 해보고 평상시와는 다르게 바꿔보는 것도 즐겁구나~ 생각하면서,

이 줄무늬 옷 좋다~.

핑크 러닝 스커트~

회사에도 입고 갈 수 있겠다

여자 다워~

아무래도 핑크가 예쁘죠~.

그 외에도 여러 가지 추천해줌

러닝 웨어란 게 살짝 코스튬 같은 부분도 있어서…

벗자~

하긴 달리다 보면 더워지기도 하는데, 토시는 바로 벗을 수 있어서 편리할지도….

토시는 평생 끼지 않을 아이템이라고 생각했는데…

인생 첫 토시다!

우오

의상 색에 맞춰서 토시를 해보는 것도 추천해요.

자외선도 차단되고 혈액순환을 촉진해서 피로를 덜어줘요

이런 차림으로 근처에서 달리는 것은 아직 살짝 쑥스럽지만,

화끈~

꺄악.

휘잉~

아무도 안 봐요

그렇게 돼서 결국 사고 말았어요. 첫 러닝 스커트….

우헤헤헤…♡

그 외에도 여러 가지

이미

처럼 보여도 사실은 바지

저도 점점 익숙해졌습니다.

우헤헤 크림빵….

달리기를 맑고 돌아올 때 빵집에 들르는 모습

멋쟁이네~

공원에 가면 멋진 러닝 웨어를 입고 달리는 여성 러너가 많이 있어서…

두 번째 풀 마라톤에 도전하고 오겠습니다~!!

새 러닝 웨어로 기운을 돋우고.

게다가 다음 풀 마라톤의 무대는 개방적인 남쪽의 섬 요론!!

짹짹

짹

아직 가보지도 않았으므로 상상도

✓ 시착해본 수많은 러닝 웨어…

으힉~

Photo Gallery

멋쟁이 러닝 웨어 구입!!

조금은 미녀러너에 가까워질 수 있을까~

↑ 미녀러너다~

측정 중…

꼼지락 꼼지락

점원이 추천해준 양말

우헤헤…

여자답게 마사지 오일도 샀어요 ♡

96

런런 일지

평상복으로도
스커트 입은 모습을
본 적이 없음….

무시

시작만 해도
되니까
보고 싶어!!
부탁이에요!!

가토 씨!!
러닝 스커트나
러닝 드레스
한번
입어봐주세요~.

맨다리는
이제 힘들지만
타이츠를
입으면!!

미니스커트라고는 해도
안에 타이츠를 입으면
의외로 아무렇지 않아요.

여고생 나오코

생각해보면
학창 시절
테니스부에서
스커트는
이미 경험함.

덧붙여
제가 산 것은
'C3fit'이라는
타이츠!

선글라스만은
어떻게 해도
어울리지 않음….

하하하

근육의 피로를 덜어주기도 하고
부상을 막아주기도 하고
달린 후에 피로 회복을
빠르게 해주기도 하고….

러닝 타이츠에도
여러 종류가
있습니다.

CW-X

효과도
여러 가지

SKINS

무서울
정도….

쿡

착

가토 씨는
잘 어울림.

비싼 건
상당히 비쌈….

가격도
천차만별
이에요.

C3fit

그런데
바로
그때…

이제
사탕 집어
넣을까~

사탕도
전혀 안
팔렸
어요…

앗,
저 사람은!!

사탕을
먹을
힘도
없는지…

와

소고

둥

힘내
요~

둥

둥

힘내~

이쯤에선
많은
주자분이
정말로 지쳐
보였어요.
또 응원하는
보도와
코스 사이에
조금 거리가
있는 탓에…

0084

혁…

혁…

힘내
요~!!

S 씨~
S 씨~!!

지금까지
너무
빨라서
따라잡지
못했던
S 씨를
여기에서야
마침내
조우
했습니다!!

프라우의
S 씨다!!

이쪽~

이쪽~

4013

너무 추운 나머지
열 연료를
사온 친구

노리코 씨
빨리 왓~

혁~

죽어~

술

변함없이 인기 없음

그 후에도
다리
위에서
응원을
하면서
노리코
씨를
기다렸
는데요….

무…
무섭네요….

휴
우
우

허걱~ 역시 S 씨,
확실히 4시간 안에
들어갈 페이스로
달리고 있어요….

102

훌륭하게 서브 파이브 달성!!

받았어~

디엘과 메달을…

TOKYO MARATHON 2010
START
aasics
FINISHER
20100228
42.195

누리코 씨는 4시간 55분 26초 기록으로 도착해,

이렇게 해서 거짓말처럼 맑아진 빅사이트에서 기다리고 있는데…

시끌 시끌

압박을 느낀 이 두 사람…?

자아, 눈앞에서 서브 파이브를 보고 나니…

힐끔
힐끔

수고 했어요~

모두 고마워~

완주 축하해~!!

그런 와중에도 잘해냈어~!! 대단해~!!

추우니까 손이 자꾸 곱아서 지금까지 중에 가장 힘든 레이스였어~.

하지만 역시 재밌다~

짝 짝 짝 짝

요론 마라톤은 이제 1주일 후 입니다!!

자, 그리하여 어떻게 될까요…?

요론 마라톤 2010. 3. 7.

예에… 어쩐지 긴장이 돼요… 다카기 씨….

다… 다음은 드디어 우리 차례네요… 가토 씨….

소곤
소곤

사탕은 필요 없나요~

비 내리는 도쿄 마라톤

신주쿠

우비 입은 사람들이 가득

혼신의 영업...

골 지점 빅사이트

GO! GO! のりこ

"マラソン1年生"も応援しています!!

マラソン1年生

走ったら給水!給水はビール

맑아진 날씨~

📷 Photo Gallery

쓰쿠다 대교

휘잉~

대회 후원...

노리코 씨가 응원 팀 간식으로 구워준 케이크 ♡

오키나와 요리점에서 포상미주 ♪

런런 일지

빠방

GO! GO! 노리코

『마라톤 1년차』도 응원합니다!!

둘이서 만들었어요!! (근무 시간에)

당당's

어느 날 미디어 팩토리에 갔더니 다 되어 있었음.

덧붙이자면 현수막 제작에 저는 일절 관여하지 않았어요.

이… 이건?!

물론 광고를 해야죠!!

이… 이건~

마… 마라톤 1년차 표지까지 넣는 거예요~?

주저 주저

쏘쿠다 대교에서 열어 죽는 줄…

노리코 씨를 응원했을 때가 올해 겨울 중에서 가장 추웠어요.

부들 부들

이렇게 되어 광고가 들어간 것임.

#아하하

이번의 교훈

오른손과 오른다리가 같이 나가게 그린 건 살짝 실수였어요~.

추울 때엔 이런 타입이 좋겠다고 생각했어요.

사탕은 여러 타입으로 준비했는데요.

추워서 힘들었지만 도중에 그만두겠다는 생각은 전혀 하지 않았어~.

노리코 씨는 이번에도 즐거운 풀 마라톤이었던 모양이에요.

이런 건 손이 곱거나 장갑을 끼면 까기 힘들 것 같았음.

당기면

이로 까지니까.

Q. 러닝 스커트를 어떻게 생각하세요?

A. 솔직히 러닝 스커트가 등장했을 땐 '기능이 없는 러닝 웨어 따위 필요 없어!' 하고 일축했어요. 하지만 지금은 '상당히 여성스럽고 좋구나' 하고 남몰래 생각합니다. 하지만 남성이 여성으로 분장해 러닝 스커트를 입고 달리는 모습을 보면 살짝 흥이 식어요.

Q. 릴레이의 참맛이란 무엇일까요?

A. 릴레이의 참맛은, 팀으로서 레이스를 하는 것이므로 동료와의 일체감이 강해지는 것. 평소에 낼 수 없는 힘을 자기도 모르게 낼 수 있는 것. 달리는 것뿐만 아니라 동료들이 달릴 때 응원할 수 있는 것. 다른 팀과 구간마다 추월하기도 하고 추월당하기도 하는 등 손에 땀을 쥐는 전개가 펼쳐지는 것. 레이스 후에 같은 팀 동료들과 한잔하면서 레이스 얘기를 할 수 있는 것 등등 아주 많습니다!

Q. 대회를 선택할 때 자주 보는 말인데, '육연등록'과 '공인 레이스'란 무슨 뜻인가요?

A. 육연등록이란 일본육상경기연맹에 경기자로 등록하는 것을 말합니다. 오사카 국제 여자 마라톤 등의 국제 레이스는 육연등록이 없으면 출전할 수 없습니다. 또 도쿄 마라톤에선 육연등록 경기자가 먼저 서고, 비등록자는 뒤에 서는 게 원칙입니다. 그러니 앞쪽에서 출발하고 싶은 사람은 육연등록을 해야 해요. 공인 레이스는 일본 육상경기연맹이 거리가 정확하다고 인정한 코스를 말하는 것으로 공인 레이스가 아니면 일본 내 최고기록이 나와도 공식 기록으로 인정받지 못합니다.

긴 선생님 가르쳐주세요! Q&A

Q. 한겨울의 얼어붙는 듯한 날씨의 대회와 살짝 덥게 느껴지는 대회 중에 기록이 잘 나오는 쪽은요?

A. 사람마다 다르겠지만 너무 추운 대회는 근육이 경직되어 기록을 기대하기 힘듭니다. 아마 지나치게 추운 것보다는 살짝 더운 날씨에 기록이 더 잘 나오겠지요.

Q. 달릴 때 휴대하는 음식이나 용품으로 추천하실 만한 것이 있나요?

A. 장거리 연습이나 레이스에서는 도중에 공복이 될 때가 있습니다. 영양가가 높은 스포츠용 젤리는 소화도 잘되고, 달리면서 먹는 데에도 적합합니다. 그런 음식을 소지하려면 웨이스트 파우치가 필요하겠죠. 파우치는 몸에 딱 붙는 것을 추천합니다.

Q. 달리다 보면 허리가 굽어지고 맙니다. 허리를 꼿꼿이 세우고 달리는 방법이 있을까요?

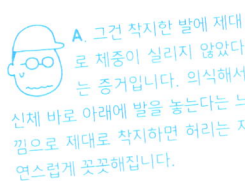

A. 그건 착지한 발에 제대로 체중이 실리지 않았다는 증거입니다. 의식해서 신체 바로 아래에 발을 놓는다는 느낌으로 제대로 착지하면 허리는 자연스럽게 꼿꼿해집니다.

요론 섬에
다녀오겠습니다~!

하고
생각한
저는…

가토 씨와
둘이 여행하면
틀림없이
과식
할거야!!

하나
어~

곰빼기~

주의

아마
추어가
하면
몸의
밸런스를
망가뜨려
실패하는
경우도
있음

한번 에너지를
고갈시키고 난 뒤
많이 먹으면…

꼬르륵

우옷~

에너지를
축적하기 쉬워짐

선수가 대회를
준비할 때,
1수일 전부터
탄수화물을
줄이다가
3일 전부터는
반대로
많이 섭취해서
운동 에너지에
필요한 글리코겐을
축적하는
방법인데요….

그런데
'카보로딩
(carboloading)'
이라는 말을
들어본 적
있으세요?

오므
라이스
도시락

킹크랩 봉초밥

붕장어
초밥

튀김
주먹밥

자아,
지금부터는
탄수화물을
늘릴 시기
입니다!!

두 ～～～ 둥~!!

얼마 전부터
다이어트를 겸해
쌀, 빵, 면 등의
탄수화물을
줄이고
있었는
데요….

꼬르륵

물론
맥주도
살짝
자제
하고….

탄수화물을
적게 먹으면
바로 배가
고파짐

가고시마
공항에서
요론행
비행기로
갈아
탔습니다.

정말
작은
비행기
네요!!

고요요…

아아…
늦지 않아서
정말 다행이야…♡

으아…
역시 쌀은
맛있어…♡

탑승 시간이
임박했기
때문에
마구
사들인
공항
토시락을
맛보며…

와
구

와
구

와
구

※역자주: 초등학생이 실제 썼기 때문에 문장의 호응이 약간 어색하다.

오오~ 얘는 영화에도 나온 개~!!

강아지도 태어났어요~

꺅! 귀여워~!! ♥

와

여긴 영화에서 다 같이 밥을 먹었던 식당!!

오오~

꺄~

그리고 영화 속 그대로의 광경에 둘 다 완전 흥분 했습니다.

하고 말했더니…

이번 요론 여행은 다카기&가토 드리프터즈* 콤비뿐이라서 살짝 불안해~.

하하하

하하…

내일은 여유롭게 8시에 출발해야지!!

성실!!

미리미리 행동!!

오늘 안에 제대로 준비를 해 둬야 해!!

계획적

멍~

무계획

꼬르륵~

항상 이런 원정 여행을 할 때 가장 착실한 사람은 노리코 씨 인데요….

짜 잔

그래서 이번엔 둘이지만 제대로 하리라 마음먹고, 도착 후 바로 러닝 웨어로 갈아입었습니다.

딱 드리프터즈 세대인 노리코 씨한테 완전 놀림을 당했어요….

챠

부

…

다카기와 가토 씨!! 웬일이니~ 지금까지 전혀 눈치 못 챘어~!!

꺄햐 하햐

※드리프터즈: 일본에서 아주 오래 활동한 코미디 밴드의 명칭. 이 밴드에 '다카기 부'와 '가토 챠'라는 멤버가 있다는 것에서 착안한 농담이다.

환영 요론 마라톤 일행 여러분

어서 오세요 러너 여러분

냉자 탈의실

음료수 서비스

완주증 교부소

거리 중심부는 모레 있을 대회를 앞두고 활기찬 분위기였고…

요론 마라톤 선수들 힘내세요

말리고 있음

하하…

그리고 온몸이 푹 젖었기 때문에 이날은 옷을 말리면서 거리를 산책하기로 했습니다.

뚝 뚝

엇, 노리코 씨 한테서 문자 왔어요.

그런데 그때…

또 하나 먹어야지~♥

띠링~

♪

OCEAN MARKET

이 계란이 들어간 햄버거도 맛있어요!!

냠 냠

냠 냠

음, 스팸주먹밥 맛있어!!

우리도 대회 전에 에너지를 비축해야 해서 계속 사 먹었습니다.

봄의 탄수화물 축제 ♥

그럴 리 없겠죠….

뭐, 확실히 노리코 씨라면 러닝 웨어를 입은 채로 헤엄치거나 곧 저녁식사인데 뭘 사 먹거나 하지 않겠죠….

우물

우물

호후… 이 기이한 여자…

그림 문자도 들어 있었음 ♥

PM 16:15

노리코 씨 얏호~!

부~ 🐱 와 챠🍵의 기상천외한 여행은 어때~? 선물 기대하고 있을게 ♥

우오오.

노리코 씨 이런~

SoftBank

1 2 3

5 6

맛있는데다 채소도 많아서 건강한 밥~!!

이번엔 황송하게도 아침과 저녁이 나오는 숙소였어요.

와~ 건배

맥주도 주문탕

대회 전엔 익숙한 일식이 제일 꿀짐!!

밥 다됐어~

BEER

낫토 된장국

맞아요, 호놀룰루 마라톤 때는 음식이 나오지 않는 숙소여서 요리를 직접 해먹었지만…

방에 부엌이 붙어 있었음 ♡

이런 말을 꺼내는 바람에,

잠깐 한잔하러 나갈까….

소곤…

어쩌지….

여행지 에서는 밤에 돌아다니며 먹는 것을 가장 좋아하는 가토 씨 였습니다….

엇?!

털퍼덕

하~ 잘 먹었다~!!

이렇게 해서 첫날부터 배부르게 먹었지만…

TUNA

쿨

드르렁

이날은 이렇게 종료—

죄송합니다만, 유신 하나 더 주시고 낫토계란말이도 주세요~

이 '유센'이라는 흑설탕 소주도 죽이네요~.

우와~ 이 뭔지 모를 해초 오독오독해서 맛있어요 ♡

술집 됴킨

수북한 쿤실말

와하하

와하하

결국 거리로 나온 둘은 술집으로 들어가 또 엄청 먹고 마셨어요….

🌻 **요론 마라톤** ♪

시끌 시끌
시끌 시끌

무대 위에서 펼쳐지는 여러 가지 쇼도 즐길 수 있었어요.

아하하, 꼬마들 춤 귀엽네요♡

Asahi BEER

맥주도 두 캔 나옴

돼지고깃국

회

두~~등

이 찐 케이크 같은 것이 맛있었음 ♥

도시락

참가비는 2,000엔 성노였시만, 훌륭한 도시락이 나왔고…

자식(손님)　부모(주인)

자식은 간단한 인사말을 하고 난 후에 그걸 마심

부모 역할의 사람이 술을 잔에 따라서 자식 역할의 사람에게 건네고…

※ 물론 술을 못 마시는 사람은 거절해도 됨

머리에 도로 묻힘→신에게 돌려준다는 뜻이 있음

혹은 몇 방울을 손에 받아서 자기 머리에 묻힘

다 마시면 잔을 머리 위에 뒤집어서 안 남았다는 것을 보여줌…

푸하~.

나중에야 알았는데 이건 '요론 헌봉(獻奉)'이라는 요론식의 접대법이라고 합니다….

♪

응? 저 사람들은 뭐지?

그런데 아까부터 한 손에 잔을 들고 술을 따르면서 다니는 사람들이 보였는데요….

♫ ♪ 꿀꺽

유신

MF

꿀꺽

으헉~

BEER

가토 씨는 아주 좋아하면서 도전했습니다.

♫ ♪

저… 저는 내일 달려야 해서요….

헉

MF

I'm shy

내 차례가 옴

유신

BEER

맥주는 마시는 주제에

잘 몰랐던 저는 엄청 쫄아서 거절 했지만…

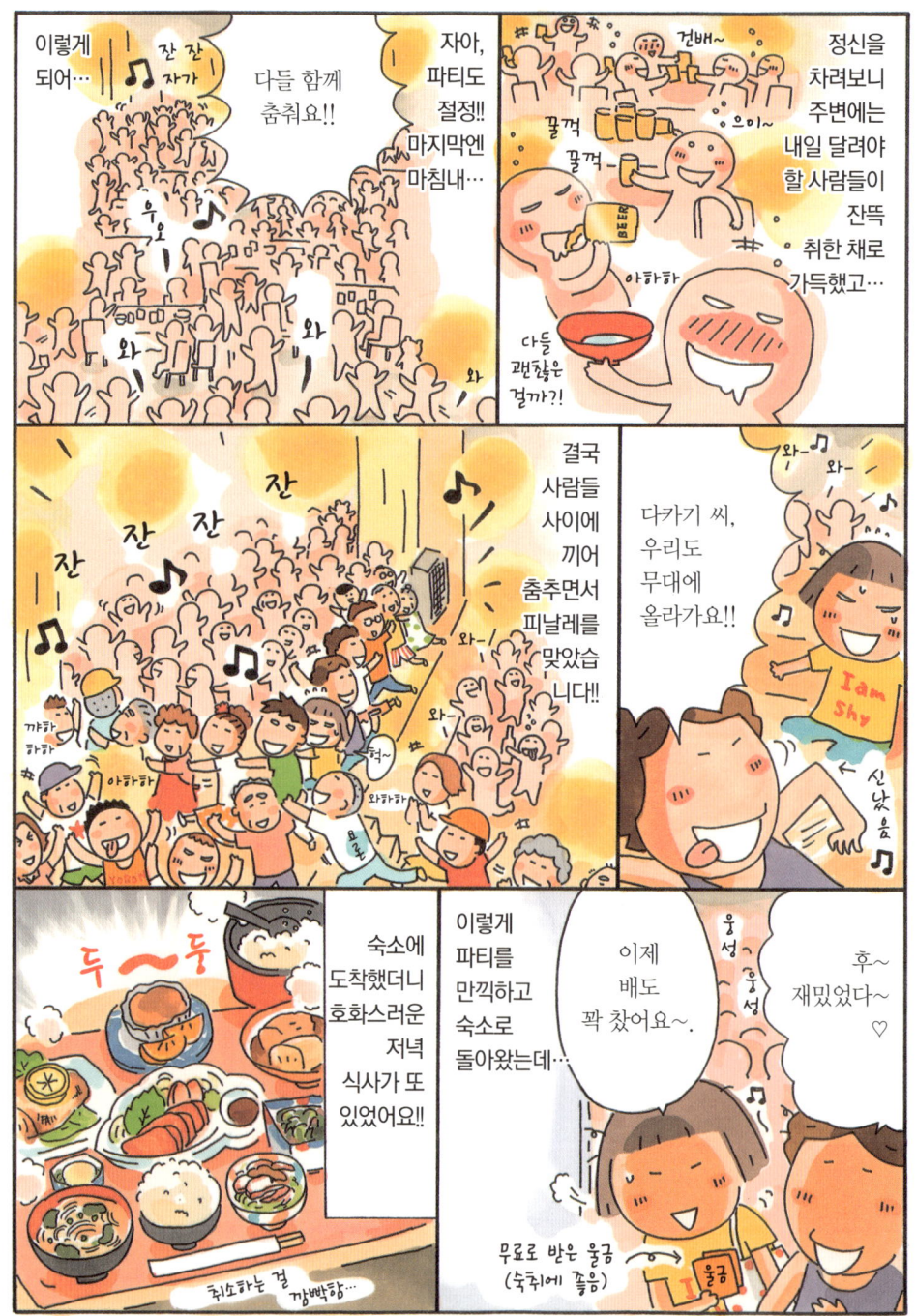

120

요론 섬에 도착~!!

가자, 요론 섬으로!!

Photo Gallery

이것은 무슨 캐릭터일까요…? (오징어?)

YORON MARATHON

쏴아…

바다다, 바다~!!

헛~!

살짝 물놀이 ♪

우헤헤…

일어나질 않아서 장난침

기분이 너무 좋아서 잠들어버린 가토 씨

ㄹㄹㄹ…

122

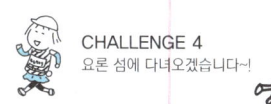
영화에도 나온 멋진 식당…

엄마 개

쿨 쿨 쿨…

아장아장
강아지~ ♡

끄잉~

빨리 해가
졌으면~

ヨロンマラソン 行きはよいよい 帰りも良い良い

뭘
먹어도
맛나~

티켓

刺身券
※キハダマグロ・いか

軽食券
エビフライ 冷しソーメン 冷奴
てんぷら他 さめづつ焼?

おやつ券
お持い飲「アイスティー・
ウーロン・チャー・
アンダーギー」

飲み物券
※好きなドリンク(ビール含む)
2本と交換できます

충실히
참석한
웰컴 파티

豚汁券
※豚骨と地場産野菜たっぷり

맥주

&

맛있었지만
이름을
잊어버린
해초

유선 ♡

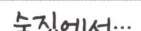

술집에서…

숙소 저녁식사의 예시…

코로켓
큰 게 다섯 개나
들어 있었음.

한 개 받았는데
맛있었어요 ♡

↑
바로 받아먹음.

♪

비행기 안에서
공항 도시락을
꽤 먹었는데도
가고시마 공항에
도착하자마자
곧바로 코로켓과
맥주를 구입한
가토 씨.

흥~
또 먹는
거야~?

통통돼지 크로켓

하하하

안주가
좀 그렇네요~

그 순간을
떠올리기만 해도
맥주가 당겨요~

♪

아유~
그래도 안 늦게
잘 왔죠.

지금
일어났어요....

아침에
일어나서
늦장 잤다는 것을
깨달았을 때에는
떨리는 손으로
문자를
쳤다고 해요....

부들

부들

개
완전
좋아함

못 참
겠어.

숙소는 개
천국이었음.

♡ 얘가 다시
강아지를~

끄잉~

♡ 막 태어남.

얘도 이뻐~

이 개의
손자라서
이름이
마고(손자)인
강아지도
있었어요.

그냥 개라서
퀸이라는 이름을
붙인 듯.

♡

숙소의 이 개는
여자였음....

♡

귀여움

124

Q. 처음 참가하는 대회라면, 대회의 코스를 사전에 조사하는 게 나을까요?

A. 차로 코스를 사전조사 하면 이미지를 떠올릴 수 있어서 더 좋습니다. 기록을 노리는 대회라면 더더욱 그렇습니다. 또 30km 넘어서부터 괴로워지는 12km를 미리 달려보면 더 좋겠죠.

Q. 카보로딩을 효과적으로 하는 방법을 알려주세요.

A. 만약 일요일에 레이스를 한다면 이에 대비해서 월요일부터 수요일 점심까지 탄수화물을 극단적으로 줄입니다. 그러고 나서 수요일 밤부터 대회 전날인 토요일 밤까지 탄수화물 중심 식사로 바꾸면 효과적입니다.

Q. 대회 전에 긴장해서 항상 잠을 못 자요. 어떻게 하면 푹 잘 수 있나요? 또 전날에 술을 마셔도 되나요?

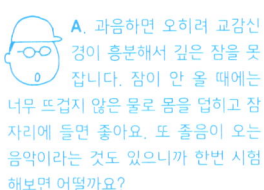

A. 과음하면 오히려 교감신경이 흥분해서 깊은 잠을 못 잡니다. 잠이 안 올 때에는 너무 뜨겁지 않은 물로 몸을 덥히고 잠자리에 들면 좋아요. 또 졸음이 오는 음악이라는 것도 있으니까 한번 시험해보면 어떨까요?

긴 선생님
가르쳐주세요!
Q&A

휘잉~

휘잉~

곧 폭풍우 같은 날씨가 시작됐습니다….

100엔짜리 비옷

쏴~~~

요론 마라톤
START

하지만 스타트 지점에 도착할 무렵부터 비가 점점 격해졌고…

됐어!! 어차피 젖을 거 우비는 벗을 거야!!

쏘레기통

6073

파

하지만 이런 거 입고 달리면 더울 거예요.

모처럼 귀여운 러닝 웨어도 샀는데 우비를 입고 달리다니~.

으아… 나카우미에 이어 또 폭우를 맞으며 뛰는 거예요?

화장실도 가설이 아닌 공공 화장실을 이용했는데요. 비교적 문제 없었어요.

탈의실로 쓴 건물

화장실 사용 가능

공원 안에도 화장실

이번 풀 마라톤 부문은 참가자가 500명 남짓 이라서…

가설 화장실이 쫘르륵

화장실 대기줄이 쫘르르

40분이나 걸렸어~.

참가자가 2만 명이 넘었던 호놀룰루 마라톤에선 스타트 전 화장실 앞에 엄청 긴 줄이 있었지만,

와~

더 나아가자
공항을 지나
한가로운 길이
나왔습니다.

4km

지면이
흙이네~.

힘내요~

다녀
오세요~

가구점

와

빗속에서
따뜻한
성원을
보내주는
섬사람들의
배웅을
받으며
상점가를
빠져나간
뒤에…

짝
짝

그런데
그때…

응?
저 모양
눈에
익는데….

벗고 오길
잘했네….

후~

46705

6464

방해
되니까
허리에
감아버링

이 부근에
다다르니
비는 거의
보슬비가
됐고,
달려서
후끈해진 탓에
우비를 벗는
주자들이
속출했
어요.

같은
고향 주자
가족을
만나서
살짝
텐션 업♡

우리
서로
힘내요~

요론 섬에서
미에 현
사랑을
만나다니~

26310

46705

MIE

맞아요.
미에에서 가족끼리
참가했어요~.

저기~
혹시
미에 현 분들
이세요?

와~ 저도
미에 현
출신
이에요~.

MIE

미에
현
모양

26310

MIE

속도가 지나치게 빨라지는 것을 막을 수 있어요.

보폭을 좁게 하면…

긴 선생님의 어드바이스를 생각하면서 나아가다 보니,

빵로롱~

으~음…

그리고 오르막을 넘자 급한 내리막길이 나왔는데요….

헉…

헉…

이때 처음으로 천천히 달릴 수가 있었습니다.

돼… 됐다~!!

SUPER DRY

Asahi 生 BEER

지금까지 내리막에서는 저도 모르게 두다다다 달리곤 했지만,

아장 아장

다다 두다

속도가 올라가고 마는 사람도 많음

니까요!!

자신의 페이스를 제대로 지켜 끝까지 기분 좋게 달려서 완주한다!!

맞아요. 이번 대회의 최대 목표는요…

체력을 보존해야지….

후후후… 아직은 전반전…

이곳에서 다리에 부담을 주지 않은 덕분에 저축한 힘은 분명 나중에 보답을 하겠죠.

서두르지 말자 서두르지 말자…

아장

아장

46705

깨끗한
모래밭이
계속되는
유리가하마
길이
나왔습니다.

오호~!!

그 후
풍력
발전소의
풍차
옆을
지나…

영차
영차

46705

그런~
칭찬을 듣고
살짝 기분이
좋아졌죠♡

폼이
정말 좋아서
오래 달린
사람인가
싶었어~.

오~
그래~?
도저히
그렇게
안 보이
는데~.

자네
힘 좋게
달리는구먼~.

그런데
여기서
한 주자
아저씨가
말을
걸었어요.

긴 선생님
훈련
덕분인가~
♬

와~
그래요~?

엇?
그런가요?
하지만 이제
두 번째
풀 마라톤
이라서~.

46705

이리하여
살짝 울컥해진
저는…

저렇게 쓰레기통이
가까이 있는데
일부러 길가에
버리다니…
호쾌한 사람인 줄
알았는데~.

쓰레기통이
설치된 경우엔
될 수 있으면
쓰레기통에
버리세요!

힘내요~

쓰레기

훅

그런데
어느
급수소에
다다
랐을 때…

쓰레기

응?!

이 근처부터 저와 아저씨의 뜨거운 공방전이 시작됐습니다.

이번엔 내가 먼저~.

먼저 가요~.

엇.

어쩐지 이 아저씨에겐 지고 싶지 않다는 마음이 들었고…

마침내 중간 지점에 도착했어요!!

요론 마라톤
중간 지점

21.0975 km
Asahi

2.13.54

우웃!

그런 식으로 어떻게든 힘을 내서 따라잡는 동안…

파이팅!

으앙~ 절대 뒤처지지 않을 테다~!!

그 안에서 가토 씨도 발견했습니다!!

앗!

그리고 길 반대쪽에는 반환점을 돌고 온 주자들이나 2시간 늦게 거꾸로 돌아 출발한 하프 부문 주자들이 달렸는데…

지난번엔 2시간 반쯤 경과했을 때 중간 지점에 도착했었는데, 그때에 비하면 꽤 빠른 페이스였어요.

2시간 14분이라니~.

오오~

킨디선은 어때요…?

가토 씨, 가토 씨.

앗, 다카기 씨.

그러고 있는 사이에 가토 씨를 따라잡았습니다.

25 km

엇, 저 사람은….

이렇게 가토 씨를 제쳤습니다.

둘 다 힘내요!!

안녕.

저는 아까부터 저 아저씨를 쫓고 있는데 좀처럼 잡히질 않아서….

아직도 쫓아가고 있었음

다카기 씨는요?

호놀룰루에서는 달리는 도중에 무릎이 아파졌었는데, 이번엔 중간에 스트레칭을 많이 한 덕분인지 지금까지 순조로워요.

일단 거기까지 참기로 했어요.

좋아!

이 근처에도 있었음
↓
화장실
↑

생각해보니 유리가하마 근처에서 괜찮은 화장실을 봤던 게 기억나서…

가는 길에 봤었음

사실은 아까부터 살짝 화장실에 가고 싶었는데요….

으음….

두리번…

허리는 구부리지 말고 손은 아래쪽에서 흔들면서 몸은 살짝 앞쪽으로 기울여 한 발 한 발 놓아가도록~.

화장실도 열심히 참고 있음

어떻게든 오르막 날리는 방법을 열심히 떠올리며 달렸어요.

그리고 이 근처부터는 작은 경사가 계속 나와서….

밸로롱

으아

헉… 헉…

31km

마치 엔진이 달린 것 같은 신기한 감각이 었어요….

되는데!!

어라? 오르막인데 어째 그다지 힘들지 않잖아!!

쿵

쿵

처음으로 오르막을 제대로 달리고 있다는 감각이 느껴졌습니다!!

끙~.

그러자 저 자신도 어떻게 하고 있는지 제대로 파악이 안 됐지만…

쿵

쿵

기분도 완전 업업!!

내리막도 오르막도 극복해내고 한 걸음씩 한 걸음씩 실력을 쌓아가는 나!!

뭐~ 그런 소릴 듣기도 하고…

에헴…

와~ 풀 마라톤 선수한테 추월당했어~.

대단해~

으응

으응

2시간 늦게 출발한 하프 주자들도 오르막 길에서 몇 명 제치고…

46705

마침내 걷고 말았어요.

헉… 헉….

역시 저에겐 이 오르막을 달릴 만한 파워가 남아 있지 않다는 걸 깨닫고는…

어떻게든 이 오르막도 달려서 통과하려고 시도했지만,

으음~!!

46705

언덕 정상에서부터 뭔가 떠들썩한 소리가 들렸고…

시끌 시끌

응?

하고 풀이 죽으면서도 필사적으로 언덕을 올라가자…

으아…

이번엔 걷지 않고 도착하려고 했는데 또 걷고 말아….

헉헉…

헉…

낙원이 있었어요.

자치공민관

자치공민관

돼지고깃국~ 염소고깃국~

절임~ 과일~

주먹밥 드세요~

드세요~

둥둥 둥

와아!!

그렇게 힘든 언덕길을 다 올라갔더니 정상에는…

그때 귀에 익은 목소리가…

휴우~ 앞으로 3km….

스피드도 떨어져 갔어요.

아이구~.

46

점점 나리가 무거워지면서 말도 듣지 않았고…

앞으로 5km….

앞으로 4km….

요론 마라톤 39 km Asahi

37 km Asahi

46705

이등부는 제가 지고 말았어요…

억울했지만 이때 저는 이미 추월할 체력도 기력도 남지 않은 상태여서…

으아….

멀어져 가네~

하하하, 내가 또 추월하네~.

다름 아닌 아까 막상막하로 경쟁했던 그 아저씨였습니다.

1852

6705

여기까지 왔으니 앞으로는 자신과의 승부입니다!!

으아~ 이렇게 된 바엔 한계에 도전하고 말 테다!!

이양

6705

이렇게 마라톤의 어려움을 또 한 가지 배웠습니다….

쉬엄쉬엄 달려온 아저씨한테도 결국 추월당해버렸어….

이번엔 페이스를 지키면서 달리는 게 목표였는데 완전히 지쳐서…

으허허…

히… 힘내자, 나오코….

앞으로 조금 더~!!

힘내요~

이때부터는 반드시 골인하겠다는 마음과 응원이 주는 파워로 어떻게든 계속 달렸어요.

요론 마라톤 골까지 앞으로 500 m Asahi

마지막 힘을 쥐어짜서 달리다 보니 멀리서 골 게이트가 보였고…

앞으로 조금만 더….

이젠 더 이상 라스트 스퍼트를 할 힘도 남아 있지 않았지만…

조금만 더….

요론 마라톤 FINISH

해냈다~!!

이렇게 하여 요론 마라톤에 무사히 골인했습니다!!

골….

골….

긴 거리를 달려온 뒤에 골이 보이는 순간을 맞이하는 일은 정말이지 기쁜 것이라서…

2010
YORON
MARATHON

완주증

성명: 다카기 나오코
종목: 풀 마라톤 여자 종합
기록: 4시간 39분 56초
당신은 요론 마라톤 2010에서
완주했다는

우와아!

두 번째
풀 마라톤
기록은
4시간
39분
56초!!

생각해보면
기록적으로
이번
1년 동안
눈에 띄게
성장하지
않은
저였지만…

!!

노리코 씨한테도 추월당하고…

먼저 갈게~

작년의
나에게도…

졌다~

멍한
상태가
됐고…

하아~.

그리고
잠시 완주의
감동과
서브파이브의
여운을
홀로
느끼다가…

음료수 서비스

멀게 누무

시끌

시끌

와ㅡ

와ㅡ

지난번
기록을
상회하는
염원의
서브
파이브를
달성했
습니다.

해냈다~!!
해냈다~!!

요론 마라톤 기념
유씽 미니 보틀을
받음

메
달
과

푸들

푸들

둘 다
경사스럽게
서브파이브를
달성했어요.

가토 씨도
4시간
52분 36초
기록으로
골인해서…

와~
서브파이브!!
서브파이브!!

만세!!

아
하
하

이번엔
바로
만나는
것도
가능
했고요….

호놀룰루에선
골에
들어선 후
곧바로
가토 씨와
만날 수
없었지만,

와ㅡ

와ㅡ

앗,
가토 씨!!

요론 섬

가고시마, 나하,
오키노에라부
공항행이 있음.

하늘길

숙박한 호텔
요론 섬 빌리지

두 사람이
헤엄친 바닷가

돌아오는 길

간조 때만
나타나는
하얀 모래밭은
글라스보트로
건너갈 수 있어요.

완주 파티
회장

웰컴 파티가
열린 사비지라칸
체육관

나마
초등학교

START

자바나 해안

요론 공항

GOAL

요론 고등학교

자바나
초등학교

유리가하마
해수욕장

유리가하마

페리
터미널

요론 항

요론
중학교

요론
초등학교

요론 민속촌

가는 길

서던 크로스
센터

심장 파열 언덕

돌아오는 길
이 근처에
영소고깃국이!

가자하나
풍력발전소

바닷길

가고시마-나하를 잇는
페리선이 들러요.
(고베, 오사카행도 있음)

요론 섬은 산호쵸로
둘러싸인
아름다운 섬이에~요 ♥

스노쿨링 하고
싶었어~ ♬

YORON

유리가하마에서 샀던
액운을 막아주는
산호 팔찌도 장착!!

대회
당일
아침밥

낫토는
제가
가져
온 것

큰 비구름이
옵니다~

주
의
하
세
요!!

5:51

Photo
Gallery

길고 긴
여행의
시작...

스타트!!

148

괴로운 오르막도 문득
둘러보면 절경이었어요…

허억… 허억…

힘내라~

ヨロンマラソン
34
km
Asahi

장명초

주먹밥
드세요~

영소고깃국~
돼지고깃국~

둥둥

시끌
시끌

맛있어~

영소고깃국 덕분에 힘이 났어요~!!

으이~

호화스러웠던
숙소의
저녁식사
♡

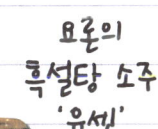
요론의
흑설탕 소주
'유선'

주먹밥~!!

모락 모락

맛있어
맛있어
달린 후에
먹는 밥♡

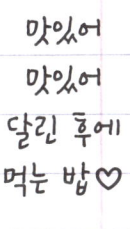

자, 치즈!!

모두
건강
하자
고요...

저녁식사 후에 2차 모임

頑張れ!
ヨロンマラソン
アスリート

← 저와 가토 씨가
왠지 맘에 들어 한 포스터

애슬릿
(athlete)!!

깔

깔

152

와~ 나도 영소고깃국 먹을걸~!!

혹시 냄새가 날까 봐 걱정돼서~

돼지고깃국 이라도~

하지만 뭐, 영소고깃국이 맛있었으니까~ ♡

배가 무거워지는 게 걱정돼서 못 먹었는데~ 주먹밥 진짜 좋아하는데~

우왕~ 역시 저도 하나쯤은 먹을 걸 그랬어요~!!

레이스 중에 가토 씨가 주먹밥 열아홉 개를 먹었단 얘길 듣고….

완주 파티는 무료였지만 맥주 하나와 안주를 받았어요.

가루비 감자 과자

Asahi BEER

이런 식으로 주면 살짝 가고시마 다왔을 텐데….

고구마튀김이 가득!!

슬슬 행사장으로 갈까요~

우왕~ 아직 쉬고 싶은데~

오후 1시쯤 들어왔는데, 오후 4시부터 완주 파티라는 건 상당히 가혹했어요….

지끈 지끈

닭튀김

게 다 가

구입 ♡

오징어 구이

샌드위치

요론 마라톤 완주 메달은 도자기를 구워 만든 거였어요.

요론 마라톤 09회분

전투도 끝나고…

요론의 바람을 맞으니…

맥주가 절로 몸에 스며드는구나 ♡

쏴 아

한 개 한 개 손으로 만든 거라 모양과 색깔이 미묘하게 다름.

긴 선생님의 대회 매너 강좌 ~
〈주자의 마음가짐 편〉

1 코스는 확실히 머리에 넣어두기

2 화장실은 가능하면 사전에 다녀오기

3 출발점에서 끼어들지 않기

4 다리가 닿으면 '미안하다'고 말하기

0753

지쳐 있는 와중에 갑자기 달리면…

① 다리를 접질릴 우려가 있음.
② 잘못하면 근섬유가 끊어짐.

5
골 지점 직전에서
마구 속도를
올리지 않기

7
분장은 날씨와
대회 분위기를
생각해서 하기

6
급수
자원봉사자에게는
'고마워요'라고
하기

5
만약 쓰러진
주자가 있으면
가장 먼저 돕기

8
몸 상태가 나쁘면
도중에 기권할
용기를 가지기

저희도 『마라톤 1년차』를 읽고 나서 마라톤에 도전해보기로 한 거예요!!

엇?! 다카기 작가님이세요?! 그렇다면 이분은 담당자인 가토 씨?!

그랬더니 넷이서 참가했다던 여성 그룹 분들도,

꺄아아

저기요~ 혹시 책을 내신 다카기 씨 세요?

와하하

엇, 아, 맞아요~

저를 아세요?

그러자 이날부터 혼자 여행 와서 묵고 있던 한 여자분이 말을 걸었어요.

정말요~!!

와~ 책을 읽고 진짜 이렇게 도전해주는 사람이 있다니 기쁘네요~.

이런 기쁜 만남도 있어서 더더욱 우린 기분이 좋았고…

책을 쓴 당사자를 만나다니 대박이다~!!

뭐야? 뭐야?

저도 다카기 작가님의 『나홀로 여행』을 읽고, 처음으로 혼자 여행을 온 거예요~.

보세요, 요론 섬에 올 때도 책을 챙겨 왔어요!!

역시

오오오

와~

와~

새삼스럽게 건배 ♥

마라톤 1년차

호놀룰루 마라톤에서는 다음 날 아침 전신 근육통이 몰려와 마치 좀비 같았는데요….

으어~

삐걱

삐걱

저릿

저릿

그리고 다음 날 아침…

비…

맥주&유센을 왕창 먹고 이날은 곧바로 잠들었습니다….

쿨

쿨

드르렁

"응원 때문에 목이 쉬었지만요"
라고 히시면서도
민요를
들려주
셨어요.

와
항
아
띵 띵

힘
내
요

아아~
그러고
보니
호랑이 그분
맞는 것
같아요~!!

둥 둥

그
괴로운
오르막
~

그때
그분
이네~!!

주자셨어요?
어제 저도
염소고깃국
있는 데서
호랑이 옷을 입고
응원했어요~.

그리고
접수대에
있던
여자분은
어제
마라톤을
응원하신 거
같았어요….

가면 기념품

요론이
완전 마음에
든 저는
아쉬움이
컸지만,
이제
돌아갈
시간이
었어요.

어쩐지
쓸쓸한
기분이
들어요~.

문
질
문
질

하아~
드디어 오늘
도쿄로 돌아가네요~.
그래그래,
잘 있으렴

또 오고
싶다…

아직도 아픔

이렇게
하여
맞이한
마지막
날—

역시
달린 후엔
만두를
먹어야죠~!!

맛있다~

그 후에
중화
요리점에서
런치를
먹고
이날의
관광을
종료했
습니다.

두 사람
모두
아무 말
없이
얌전히
돌아갔
습니다.

기류가 불안정했음

흔들

흔들

돌 다 멀미함…

돌아오는
비행기가
또 엄청
흔들려서
그간의
감상을
곱씹을
여유도
없었고…

조심히
가세요~

안녕히
가세요~

또
내년에~!!

신세
많이
졌습니다~

자, 치즈!!

고맙
습니다~

숙소의 차로
모두를
공항까지
바래다준 덕에,
돌아가는 사람도
배웅하는 사람도
말을 나누고
있어서
더욱 찡했지만,

이곳을 달렸습니다~!!

렌터카로 드라이브!!

서넌 크로스 센터

거기서 본 풍경

어려운가~?

沖永良部島の方言

サンシル	三味線
アガサ	東
アグシ	兄
アシ	昼食
アバカン	一諸に
アナン	たくさん
アバニョ	ちがう
アンヨ	何人
イクタイ	どうか
イチャイ	どうして
イチャシカ	納得
ガティン	そのとおり
ガンテン	いらっしゃい
キチャロ	涼しい
トーチャロ	あたま
シダサン	かぼちゃ
シダブル	本当
チブル	太陽
ショーグトゥ	お願いする
ティダ	
ドーカシュン	

'도오토라가나시' 예요.

요론에서 '고마워요'는

요론 섬의 된장 라멘♡

후룩 후룩~♡

남쪽 섬답게 산호 조형물이 있었음

Photo Gallery

아마미오 섬의
향토요리
'케이한(鷄飯)'도
먹었어요

아쉬웠던
마지막 밤의
회식...

↑
양식
스타일
아침
식사인
날도
있었음

숙소에서도 영화
〈안경〉을 봤어요

영화에도 나와요!!

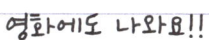

드디어 모두 헤어지던 순간...

잘 있어!! 또 봐~!!

숙소의
간판 개
퀸

러블리~♡

쿠웅~!

164

자아,
이렇게 해서
마라톤 생활도
3년차에
돌입했습니다.

꾝

어쩐지
그런 게
좋더라고요.

하하하

그럼 다시
대결해요~

바라는
바예요~

끝난 후엔
목욕탕에
들러서
깔끔하게
마무리를
하기도
하고요….

탕

따끈~

하~ 기분
좋아졌어~
♡

최근엔
러닝용
배낭에
갈아입을
옷을
넣고
달리려고
나갔다가…

탁

탁

변함없이
공원을
멍하니
달리기도
하고…

멍~

늘릿

늘릿

오른발과
왼발을
교차하
면서요!!

산길을
내려갈 땐
옆을 보고
달리는 방법도
있어요.

사삭

긴장
달리기
다~

예시

오오~

마음먹고
트레일 러닝
강습회에
셋이 함께
참가해
보기도
하고…

와~

168

어디까지
달릴 수
있을지는
잘 모르겠지만…

마라톤
3년차가
어디를
향해
달리고
있는지…

앞으로도 계속
자기 페이스로
달릴 수 있으면
좋겠다~ 하고
생각한답니다.

하아~
땀 잘
흘렸다~.

Photo Gallery

시마 로드파티 2009
참가상/티셔츠

대회 기념품 시리즈

닛산 스타디움 릴레이 2009
팀 포상맥주 티셔츠

쓰쿠바 마라톤 2009
참가상/신발 가방

NIKE the Human Race 2009
참가상/티셔츠 · 음료수 · 바나나 ·
자외선차단제

거봉의 언덕 마라톤 대회 2009
참가상/가방

나카우미 마라톤 2009
참가상/조끼

170

요론 마라톤 2010
참가상/티셔츠 · 메달 · 유센
미니 보틀

크리스마스 자선 마라톤 2009
참가상/장갑

노리코 씨의
핸드메이드 방

휴대폰 줄

파우치

후기

이리하여, 마라톤 2년차는 훌륭하게 서브파이브를 달성하고 막을 내렸습니다.

와~ 오예~~!!

역시 이러니저러니 해도 기록이 단축됐다는 것만으로도 무척 기쁩니다.

뭐 그래도 돌아보면 지난번보다 기록이 좋아진 이유로

제 주력이 좋아졌다는 것을 꼽을 수 있겠지만,

그 외에도 호놀룰루 마라톤에 비해서 시원했던 것과

스타트 지점이 붐비지 않아서 곧바로 자기 페이스로 달릴 수 있었던 것,

급수소에 제 입맛에 맞는 음식이 있었던 것,

음식을 휴대하지 않아 짐이 가벼웠던 것 등등 여러 가지 이유가 있는 것 같아요.

그리고 지난번에 비해서 살짝 페이스 배분도 잘하게 된 덕분일 수도 있고요….

이 페이스 배분이라는 게 정말로 심오한 것이라,

같은 조건에서 달려도 페이스 배분을 잘하면 더 기록이 좋아져요.

앞으로 연습을 거듭해서 주력을 높이고도 싶지만,

페이스 배분 능력도 더 향상시키고 싶다~ 하고 생각해요.

자신의 능력을 파악하고 제대로 페이스 배분을 할 수 있는 사람은 역시 멋져요….

그리고 다음에야말로 풀 마라톤을 달린 후에도

좀비가 되지 않는 모습을 보이고 싶습니다.

그리고 우리끼리 도전했을 때는 트레일 러닝이 잘되지 않았는데요,

확실히 강습을 받아보니까 마라톤과는 또 다른 기술도 필요하고

즐거움도 있어서, 이것도 심오하구나~ 하고 느꼈습니다.

지금도 다음 강습회 신청을 셋 다 해놓은 터라,

앞으로도 트레일 러닝을 계속하면 좋겠다고 생각하고 있어요.

지난번의 후기에도 썼지만 함께 즐겁게 달려준 노리코 씨, 가토 씨,

언제나 정말 감사합니다.

여러 가지로 코치해주신 긴 데쓰히코 씨, 릴레이에 나와 주신 우노 씨,

대결해주신 프라우 팀 여러분, 팀 포상맥주 ♪를 응원해주신 노란 티셔츠 군단 여러분,

지난번부터 계속 여행 편의를 봐주신 도부 트래블의 미노와 씨,

대회를 준비해주신 스태프와 자원봉사자 여러분, 길가에서 성원을 보내주신 분들,

그 외에도 함께 달려준 사람들과 레이스 중에 만난 사람들 모두에게

신심으로 감사드립니다.

다카기 나오코

173

마라톤 2년차

펴낸날	초판 1쇄 2016년 4월 25일
	초판 3쇄 2019년 10월 14일

지은이	다카기 나오코
옮긴이	윤지은
펴낸이	심만수
펴낸곳	(주)살림출판사
출판등록	1989년 11월 1일 제9-210호

주소	경기도 파주시 광인사길 30
전화	031-955-1350 팩스 031-624-1356
홈페이지	http://www.sallimbooks.com
이메일	book@sallimbooks.com

ISBN	978-89-522-3365-3 17690

※ 값은 뒤표지에 있습니다.
※ 잘못 만들어진 책은 구입하신 서점에서 바꾸어 드립니다.

이 도서의 국립중앙도서관 출판예정도서목록(CIP)은 서지정보유통지원시스템 홈페이지
(http://seoji.nl.go.kr)와 국가자료공동목록시스템(http://www.nl.go.kr/kolisnet)에서
이용하실 수 있습니다.(CIP제어번호: CIP2016008398)